Wolfgang Schnepper

Absolute Glanzleistungen und Extreme im Fußballsport

Wolfgang Schnepper, Jahrgang 1964, Diplomsportlehrer,
Ex-Bezirksligaspieler im Fußball,
Sportwissenschaftler mit Schwerpunkt Fußball,
1988-89 in der deutschen Triathlonspitze,
1990 Bayerischer Meister im Body-Building,
1998 Konditionstrainer im bezahlten Fußball,
Fußballabitur mit der Note "sehr gut",
2003 - 2006 Sportlehrer an einer Gesamtschule
Autor mit über 40 geschriebenen Büchern über Kurzge-
schichten, Erzählungen und über Fußballtraining, Fußballro-
man, Fußballgeschichte, Sportpsychologie, Fitness und vieles
mehr

©2025 Wolfgang Schnepper
Satz und Layout: Wolfgang Schnepper
Coverbild: Manfred Claßen
Verlag: BoD · Books on Demand GmbH, Überseering 33,
22297 Hamburg, bod@bod.de
Druck: Libri Plureos GmbH, Friedensallee 273
22763 Hamburg

ISBN: 978-3-7583-2088-0

Literaturverzeichnis

Vorwort

Dieses Fußballbuch liefert Wissen über außerordentliche Rekorde, Glanzleistungen, Geheimnisse und Extreme rund um den Fußballsport, die kaum ein Fußballfan kennt.

Auch das ideale und kleine Geschenk für jeden Fußball-Liebhaber.

Wie entwickelten sich die Fußballgehälter seit 1908 im Amateur- und Profibereich mit heutigen Rekorden? Welche kuriosen Fußballregeln gab es? Was waren die brutalsten Fouls oder die extremsten Schiedsrichterentscheidungen? Wie hoch ist die Sprungkraft, Grundschnelligkeit oder Ausdauerleistungsfähigkeit der besten Fußballer der Welt entwickelt? Welche Spieler schossen die meisten Tore, Freistoßtore, Elfmetertore oder Tore aus der größten Distanz?

Welche großen Katastrophen gab es im Zusammenhang mit dem Fußballsport? Wer macht den weitesten Einwurf? Was sind die besten Fußballwitze?

Und vieles, vieles mehr.........

 # Höchste Schussgeschwindigkeit

Auf dem fünften Platz liegt hier David Beckham mit 156,6 km/h. Aber besondere Aufmerksamkeit erweckte dieser Ausnahmespieler wegen seiner präzisen Bogenflanken und perfekt und gefühlvoll getretenen Freistüößen.

Auf dem vierten Platz folgt David Trezeguet mit 156,8 km/h. Der französische Stürmer David Trezeguet gehörte zu den besten Stürmern seiner Generation und erzielte 10 Jahre lang für Juventus Turin Tore.
Den Treffer mit der höchsten Geschwindigkeit erzielte er allerdings für den AS Monaco im Champions League Spiel gegen Manchester United im Jahr 1998.
Mit 156,8 km/h hämmerte Trezeguet den Ball ins Tor der Red Devils. Das ist bis heute (Stand Februar 2020) der härteste Treffer der Champions League Geschichte

Den dritten Platz nimmt David Hirst mit 182,4 km/h ein.
Er ist ein ehemaliger Fußballer, der überwiegend für Sheffield Wednesday in der Premier League auf Torejagd ging.

Auf Platz 2 kommt Arjen Robben unter Vorbehalt mit 190 km/h.
Dass Arjen Robben einen der härtesten Schüsse im Fußball hat, ist weltweit bekannt. Er läuft oft von rechts nach innen, um dann mit links auf das Tor zu schießen.
Obwohl diese Strategie mittlerweile bekannt ist, ist diese trotzdem schlecht abzublocken, weil Robben auch noch extrem schnell ist und Robben immer wieder zum Abschluss kommt. Seinen härtesten Treffer erzielte Robben allerdings nur durch Volleyabnahme im Trikot von Real Madrid gegen Borussia Dortmund.

 # Höchste Schussgeschwindigkeit

Bei Volleyabnahmen ist eine wesentlich höhere Geschwindigkeit des Balles aus physikalischen Gründen möglich. Natürlich gehen wir hier auf die spezielle Physik nicht weiter ein, weil sie für unser Thema unwichtig ist.

Weiterhin ist es nicht hundertprozentig bewiesen, ob der Ball wirklich mit 190 km/h ins Tor einschlug.

Auf Platz 1 liegt Ronny mit 210,9 km/h.

Sechs Jahre erzielte Ronny, der jüngere Bruder von Gladbachs Spielmacher Raffael, für Hertha BSC die Tore.

Seinen berühmtesten Treffer schoss für Sporting Lissabon. Dabei donnerte er in der 88. Minute einen Freistoß zum 1:0 Siegtreffer ins gegnerische Tor. Die hierbei gemessene Geschwindigkeit betrug unglaublichen 210,9 km/h!

Einen Schuss über 200 km/h hätte niemand für möglich gehalten. Darum wurden technische Untersuchungen durchgeführt, um zu prüfen, ob solch eine hohe Geschwindigkeit überhaupt möglich ist.

Professor José Soares von der Sportfakultät der Universität in Porto überprüfte das und kam zu einem eindeutigen Ergebnis, dass bei einer optimalen Technik diese Geschwindigkeit möglich ist.

Höchste Grundschnelligkeit

Bei der Grundschnelligkeit bzw. der Höchstgeschwindigkeit kommen wir auf folgende Werte und Rangfolge:

10. Sergio Ramos: 30,6 km/h

9. Franck Ribery: 30,7 km/h

8 Wayne Rooney: 31,2 km/h

7. Lionel Messi: 32,5 km/h

6. Theo Walcott: 32,7 km/h

5. Cristiano Ronaldo: 33,6 km/h

4. Aaron Lennon: 33,8 km/h

3. Antonia Valencia: 35, 1 km/h

2. Jürgen Damm: 35,2 km/h

1. Der Waliser Gareth Bale mit 36,9 km/h (!) und Arjen Rob-ben mit 37,0 km/h (!) wollen wir auf den ersten Platz setzen

.

Grundschnelligkeit

Diese Reihenfolge kann sich jederzeit ändern, und entspricht dem Stand von März 2020.

Doch was bedeuten diese Zahlen genauer im Vergleich zu Usain Bolt, der eine Höchstgeschwindigkeit von über 45 km/h laufen kann bzw. konnte. Zwischen 37 und 45 km/h ist ja noch ein riesiger Unterschied. Dies wird aber dadurch relativiert, dass auf dem Rasenplatz und oft auch durch krumme Laufwege keine optimalen Sprintbedingungen gegeben sind. Weiterhin sind Fußballschuhe auch zu schwer für die optimale Geschwindigkeit. D.h. unter perfekten Bedingungen mit Nagelschuhen (Spikes) würde Robben vermutlich 39 km/h erreichen, fast ein Spitzensprinter.

Wie schnell kann Arjen Robben nun in etwa die 100 Meter laufen, und zwar auf Tartan und mit Spikes bei optimalen Temperaturen und erlaubtem Rückenwind?

Dies können wir leicht errechnen mit den nötigen Vorkenntnissen. 39 km/h entspricht 10,83 Meter pro Sekunde. Das wiederum bedeutet eine Zeit über 100 Meter von 9,23 Sekunden bei gleichbleibender Geschwindichkeit. Nun müssen wir aber noch 1,2 Sekunden für die Beschleunigungsphase und Sprintausdauer einrechnen (39 km/h kann nicht nach der Beschleunigung permanent gehalten werden). So kommen wir auf eine 100 Meter Zeit von 10,43 Sekunden. Nach einem Exkurs werden wir die Beweise finden, dass dieses tatsächlich der Wahrheit entspricht, obwohl es unglaublich klingt. Die schnellsten Fußballer der Welt sind fast genau so schnell wie die besten deutschen Sprinter, es fehlen nur ein bis zwei Zehntel, als ein bis zwei Meter etwa.

Exkurs: Warum machen Spikes und Tartan so viel schneller oder warum haben die Ungaren dieses Endspiel verloren?

Ja, liebe Leserinnen und Leser diesen Zusammenhang werde ich ihnen jetzt verdeutlichen. Spikes bzw. Nagelschuhe sind viel leichter als Fußballschuhe. Das Schuhgewicht betraf auch 1954 das WM-Endspiel zwischen Deutschland und Uhgarn.

Die Hauptursache für den deutschen Erfolg war der **Regen** während des Endspiels, und das ist kein schlechter Witz. Ohne den Regen hätte Deutschland keine Chance gegen Ungarn gehabt.

Die von **Adolf „Adi" Dassler** entwickelten Fußballschuhe mit Schraubstollen verschafften den deutschen Spielern den entscheidenden Vorteil.

Während die durch den Dauerregen aufgeweichten Schuhe der ungarischen Spieler ihr Gewicht auf 1500 Gramm verdoppelten, wogen die Schuhe der deutschen zu diesem Zeitpunkt lediglich 700 Gramm. Die neuen Schuhe von Adidas nahmen kein oder nur wenig Wasser auf, außerdem boten die neuen Schraubstollen einen viel besseren Halt auf dem aufgeweichten Untergrund. Nach unserer Überzeugung waren diese beiden Faktoren der Hauptgrund für den Sieg der deutschen Nationalmannschaft.

So, jetzt können schlaue „Füchse" sagen, „was machen denn 800 Gramm bei einem Körpergewicht von 65 bis 85 Kilogramm der einzelnen Spieler aus"?

Grundschnelligkeit

Die positiven Auswirkungen von Wettkampfschuhen werden noch heute von vielen Sportlern unterschätzt. Gehen wir hier einmal zum Langstreckenlauf der Leichtathletik. Die Läuferinnen und Läufer im vorderen Feld tragen ausschließlich leichte Laufschuhe, im hinteren sehen wir oft eine schwere Fußbekleidung. Man könnte nun zu folgender Schlussfolgerung kommen, dass die guten Platzierungen über das Gewicht der verwendeten Schuhe erzielt werden. Das ist natürlich nicht so, weil die schwereren Läuferinnen und Läufer auch meistens die schweren Trainingsschuhe im Wettkampf tragen.

Fragt man die betreffenden Personen, warum sie die schweren Schuhe tragen, bekommt man meistens folgende Antwort:"Ich brauche die Dämpfung für meine Gelenke, sonst halte ich den Wettkampf nicht durch". Aber diese Argumentation stimmt nicht, denn je stärker die Dämpfung eines Schuhs, desto mehr Energie geht verloren.

Jahrzehntelang entwickelte die Industrie irgendwelche Dämpfungssysteme in den Schuhen wie Schaum, Luftpolster, Waben usw. Geholfen hat das aber überhaupt nichts, die Verletzungshäufigkeit blieb gleich, die Laufzeiten wurden aber schlechter. Die Läuferinnen und Läufer konnten sich allerdings einfach beim Auftritt in den Schuh fallen lassen, mussten sich dann aber mit umso größerer Kraft wieder abdrücken, was für ein Paradoxon.

Nun haben Wissenschaftler alle biomechanischen bzw. physikalischen Gesetze entdeckt, und bei den Laufschuhen werden sie wieder vergessen, traurig aber wahr.

Es wurde einfach nicht bedacht, dass die Muskulatur über eine Speicherfähigkeit der Auftrittskraft verfügt, und diese beim Abdruck wieder abgibt (kennt jeder aus dem kleinen Gummiball,

auch Flummi genannt, aus der Kindheit, den man auf den Fliesen fallen lässt, und der dann immer wieder springt mit relativ geringem Höhenverlust).

Doch kommen wir zurück zum Schuhgewicht. Das Gewicht am Fuß hat mindestens die 10-fach negative Wirkung wie die gleiche Masse, die am Rücken eines Sportlers fixiert ist. Warum das so ist, erscheint relativ schnell logisch, da der Fuß am Ende des „Hebels" liegt. Der Rumpf, einschließlich Becken, wird nur in der Beschleunigungsphase beschleunigt, und dann auf gleicher Geschwindigkeit gehalten. Die Beine, aber vor allem die Füße, müssen nun bei jedem Schritt wieder angehoben und beschleunigt werden. Damit ist klar, warum sich hier ein höheres Gewicht besonders negativ auswirkt. Die Laufgeschwindigkeit wird geringer, und der Energieverbrauch auf gleicher Strecke wesentlich höher.

Die ungarischen Spieler hatten nun im Regen 800 Gramm Schuhgewicht mehr zu beschleunigen und zu tragen, nach unserer Meinung war dies der Hauptgrund der verlorenen Fußball-Weltmeisterschaft 1954. Diesen Sachverhalt können wir auch empirisch belegen. Bei Zeitmessungen über 20 Meter aus dem Hochstart (ohne Reaktionszeit) ergaben sich hier erhebliche Zeitunterschiede des gleichen Athleten mit diesen unterschiedlichen Schuhgewichten von einmal 700 und 1500 Gramm. Mit den schwereren Schuhen waren die Sportler im Schnitt 0,15 Sekunden langsamer (elektronische Zeitmessung, die wir in der Halle auf Tartanboden vornahmen). Das entspricht etwa einen Unterschied von 1,3 Metern auf dieser kurzen Strecke, hinzu kommt noch der höhere Energieverbrauch mit den schweren Schuhen, der bei 90 Minuten Spieldauer extrem sein muss. Die ungarischen Spieler hatten also gegen Ende des Spiels einen

wesentlich höheren Ermüdungsgrad.

Hinzu kam auch noch, dass Puskas Verletzung noch nicht ganz auskuriert war, und ihm ein Tor wegen Abseits aberkannt wurde.

Fassen wir zusammen: Die Ursache für die Niederlage der Ungaren war der Regen, der Hauptgrund, die hiermit verbundenen schweren Schuhe. Vergessen dürfen wir jedoch auch nicht die Verletzung von Puskas und sein nicht anerkanntes Tor.

Aber warum ist man auf einer Tartan- bzw. Kunststoffbahn schneller als auf einem Rasenplatz?

Die Frage ist schnell beantwortet, weil der Wirkungsgrad auf den künstlichen Bahnen wesentlich höher ist. Hier ist der Boden absolut eben und auch die Nägel der Spikes dringen perfekt in den Untergrund ein. Die Füße verschieben sich beim Abstoss auf dem Boden keinen Millimeter nach hinten.

Grundschnelligkeit

Doch kommen wir zum eigentlichen Thema zurück. Können Fußballer wirklich 100 Meter in 10,43 Sekunden unter optimalen Bedingungen zurücklegen?

Schauen wir uns doch die 100 Meter Zeiten der schnellsten Fußballer an , die uns vorliegen.

Mit seiner enormen Schnelligkeit war David Odonkor bei der WM 2006 der perfekte Joker und rettete das 1:0 gegen Polen. Er schaffte die 100 Meter in 10,6 Sekunden.

Der Real-Star Gareth Bale gab an, schon mit 14 Jahren der schnellste Sprinter seiner Schule gewesen zu sein. Auch in der Premier League war er deswegen gefürchtet. Er läuft die 100 Meter 100 Meter in 10,5 Sekunden.

Der Dortmunder Pierre-Emerick Aubameyang wurde im Sportstudio mal als "der Fußballer, der schneller als Usain Bolt ist" angesagt. Die 9,58s vom Jamaikaner läuft "Auba" allerdings nicht, aber mit 10,42 Sekunden auf 100 Metern ist er fast einmalig, wenn es Marvell Wynne nicht geben würde. Der US-Amerikaner dürfte jedem FIFA-Spieler bekannt sein durch seine unglaubliche Schnelligkeit. Er ist der schnellste, bisher gemessene Fußballer der Welt mit 10,39 Sekunden auf 100 Metern.
Arjen Robben wird allerdings zu seiner besten Zeit auch nicht wesentlich langsamer gelaufen sein. Damit ist bewiesen, dass Fußballer tatsächlich diese unglaublichen 100 Meter Zeiten laufen können.

 # Höchsten Ausdauerwerte

Den Rekord für die längsten Laufwege in einem Spiel hält der Gladbacher Tolga Cigerci mit 13,9 Kilometern (Stand 19.03.2013).

Mit modernsten Technologien kann die Laufleistung im Fußball sogar im Amateursportbereich einfach und exakt gemessen werden.

Im Schnitt laufen die Profis pro Spiel zwischen zehn und elf Kilometer. In 90 Spielminuten sprinten sie etwa 800 bis 1200 Meter, sie beschleunigen 40 bis 60 Mal und ändern ihre Laufrichtung alle 5 Sekunden. Vor 40 Jahren etwa war die Leistung auf dem Platz noch ganz anders, Beckenbauer und Pelé liefen nur drei bis vier Kilometer pro Spiel und auch das Tempo war geringer.

Heute laufen tatsächlich einige Spieler in jedem Spiel um die 12 Kilometer.

 **Weltrekord im Kopfball-Hochsprung**

Der Portugiese Cristiano Ronaldo erzielte bei seinem Kopfball eine Höhe von 2,93 Meter. Auf Platz zwei hinter Ronaldo liegt der Kopfball-Treffer von Yousserf En-Nesyri 2,91 Meter (2.9.2023).

 # Fußballer mit den meisten Toren

Auf dem 10. Platz liegt Uwe Seeler mit 575 Toren in 649 Spielen.
Uwe Seeler spielte zwischen 1946 und 1972 beim Hamburger SV und 1953 bis 1970 für die westdeutsche Nationalmannschaft. In einem Jahr ging er ins Ausland und spielte so 1978 für Cork Celtic. Uwe Seeler erlangte große Berühmtheit durch seine Fallrückzieher und Kopfbälle.

Auf den 9. Platz kommt Ferenc Puskas mit 754 Toren in 1123 Spielen.
Puskas ist einer der größten Spieler. Er spielte 12 Jahre bei Budapest Honved, bevor er 1958 zu Real Madrid wechselte. Er schoss für Real Madrid sieben Tore in zwei europäischen Pokalfinalen und gewann vier Meisterschaften während seiner Zeit in Spanien.

Auf dem 8. Platz ist Eusebio mit 790 Toren in 809 Spielen.
Der portugiesische Stürmer spielte während seiner Laufbahn für viele Vereine und war einer der besten Spieler seiner Zeit.

Auf den 7. Platz kommt Alfredo Di Stefano mit 810 Toren in 665 Spielen.
Di Stefano lief während seiner 21-jährigen Laufbahn für River Plate, Huracan, Millonarios, Real Madrid und Espanyol auf und auch für drei unterschiedliche Nationen auf. Er zählt zu den fünf besten Torschützen der spanischen ersten Liga und ist Real Madrids dritt-erfolgreichster Torschütze aller Zeiten. Alfredo Di Stefano wurde durch seinen enormen Antritt sowie seine Kreativität berühmt.

 # Fußballer mit den meisten Toren

Auf dem sechsten Platz liegt Romario mit 923 Toren in 1220 Spielen

Romario nahm an zwei WM Finalen teil, wovon er eines mit seiner Mannschaft gewann. Er ist einer der besten brasilianischen Fußballspieler aller Zeiten.

Auf den 5. Platz kommt Franz Binder mit 1006 Toren in 756 Spielen.

Binder spielte in seiner gesamten Laufbahn als Fußballer in Rapid Wien von 1930 bis 1949. Er gewann mit Rapid Wien vier Meisterschaften und die deutsche Liga im Jahr 1941.

Auf dem 4. Platz ist Pele mit 1284 Toren in 1375 Spielen. Pele ist für viele Fußballexperten der beste Fußballer aller Zeiten. Dazu verhalf ihm besonders seine Zeit als Spieler der brasilianischen Nationalmannschaft, mit der er ganze drei WM Titel holte.

Auf dem 3. Platz liegt Arthur Friedenreich mit 1329 Toren in 1239 Spielen.

Er spielte von 1909 bis 1935. Er feierte 1914 sein Debüt im Trikot der brasilianischen Nationalmannschaft und 1925 war er bereits der beste Fußballer der Welt. Er war ebenfalls der erste Afro-Brasilianische Fußballprofi.

 # Fußballer mit den meisten Toren

Auf dem 2. Platz ist Gerd Müller mit 1455 Toren in 1216 Spielen.

Der "Bomber der Nation" brach auch beim FC Bayern sämtliche Rekorde, indem er 365 Tore in 427 Bundesligaspielen schoss.

Auf dem 1. Platz befindet sich Josef Bican mit 1470 Toren in 918 Spielen.

Bican könnte der erfolgreichste Torschütze der Geschichte des Fußballs sein, aber sein Rekord ist nicht eindeutig belegt. Er startete seine Laufbahn im Jahr 1928 in Schustek, der Tschechischen Republik und spielte später sowohl für Österreich als auch für die damalige Tschechoslowakei.

Er könnte seit seiner Jugend bis zu 5000 Toren erzielt haben (!).

# Weitester Einwurf aller Zeiten

Grønnemark hält mit einer Rekordweite von 51,33 Metern den Weltrekord für den weitesten je gemessenen Einwurf. Thomas Grønnemark ist ein ehemaliger dänischer Sportler, der als Einwurftrainer für eine Reihe professioneller Fußballmannschaften agiert.

 # Direkt verwandelte Eckbälle

Konzentrieren wir uns hier auf die Bundesliga. Den Bundesliga-Rekord hält zur Zeit Bernd Nickel, denn vier seiner 141 Bundesligatore waren direkt verwandelte Eckbälle. Diese machte er alle im Frankfurter Waldstadion.

Bernd Nickel spielte für Eintracht Frankfurt von 1968 bis 1983 in der Bundesliga. Hier kam er auf 426 Spiele und erzielte dabei 141 Tore. Bis Marco Reus in der Bundesliga-Saison 2021/22 einen neuen Rekord aufstellte, hatte kein anderer Mittelfeldspieler mehr Tore in der Bundesliga geschossen. Viele Fußballfans werden sich noch heute an den inzwischen verstorbenen Techniker Bernd Nickel erinnern.

 # Die besten Elfmeterschützen

Auch hier bleiben wir in der Bundesliga.

Manfred Kaltz (Hamburger SV) hält den Rekord mit 53 Elf-metertoren in der 1. Fußball-Bundesliga.

Hans-Joachim Abel verwandelte 16 von 16 Elfmetern in der 1. Fußball-Bundesliga, so sicher war kein anderer Spieler am Elfmeterpunkt seit der Entstehung der Bundesliga zur Saison 1963/64.

 **Wer erzielte die meisten Freistoßtore der Welt?**

Die meisten Freistoßtore der Welt erzielte der Brasilianer JUNINHO PERNAMBUCANO. Er spielte im offensiven Mittelfeld und schoss 77 Freistoßtore.

Der Brasilianer erzielte vor allem für Olympique Lyon sage und schreibe 77 Tore mittels Freistößen. Als Fußballer war er sehr gut, doch bei dieser Standardform war er bisher wohl der Beste aller Zeiten (Stand 14.08.2023).

Zu einer traurigen Entscheidung kam Marija Kurtes aus Düsseldorf. Als bei einem Elfmeter eine Mitspielerin der Schützin zu früh in den Strafraum rannte, entschied sie auf Freistoß für den Gegner. Eigentlich hätte sie den Elfmeter wiederholen lassen müssen.

Bei einem Spiel der englischen Freizeitliga hielt sich Schiri Andy Wain genauestens an die Regeln. Nachdem er einem meckernden Spieler eine gewatscht hatte, zog er für sich die Rote Karte. Das Spiel wurde abgebrochen.

Beim Abschiedsspiel des Brasilianers Alex zeigte der Schiedsrichter seinen Respekt auf sonderliche Weise. Als er auf Freistoß pfiff und der scheidende Star persönlich zur Ausführung schritt, nahm er sein Freistoßspray und sprühte in großen Buchstaben "A-L-E-X" auf den Rasen.

In Südafrika ging es 1999 bei einem Spiel der Hartbeesfontein Wallabies sehr brutal zu. Als dem Auswärtsteam der Anschlusstreffer gelang, liefen mehrere Fans der Heimmannschaft auf das Spielfeld. Ein Spieler der Wallabies nutzte die Gelegenheit, um sich abseits des Spielfeldes ein Messer zu besorgen, und damit auf den Schiri loszugehen. Dieser erschoss den Angreifer eiskalt. Wo der Angreifer die Pistole her hatte, ist niemals gekärt worden.

Die Fußballregeln sind für manche Schiedsrichter und Fußballspieler zu kompliziert. Wie sollte Abwehrspielerin Bruna
von Äquatorialguinea auch wissen, dass man den Ball nicht in
die Hand nehmen darf. Im Spiel gegen Australien bei der WM
2011 fing sie einen Abpraller vom Pfosten mit beiden Händen
auf und hielt ihn drei Sekunden lang fest. Schließlich ließ sie
den Ball fallen, die Torhüterin schnappte sich die "Pille" und
schlug ab. Schiedsrichterin Gyonengi Gaal ließ vollkommen
gelassen weiterspielen!!!!!!

Ein falscher Einwurf kann schon mal vorkommen. Für einen
Spieler vom Kreisligisten FV Nußloch hatte der Einwurf gra-
vierende Folgen. Der Schiedsrichter gab ihm die Rote Karte.
Trotz erheblicher Proteste änderte der Schiedsrichter seine
Entscheidung nicht. Im offiziellen Spielbericht las man "Rot
wegen falschen Einwurfs".

Oliver Kahn war für seine Aussetzer bekannt. Mal probierte
er, den Ball ins gegnerische Tor zu fausten oder bohrte Mi-
roslav Klose in der Nase. Aber die bekannteste Aktion ist die
Beißattacke gegen Heiko Herrlich von Borussia Dortmund.
Auch Schiedsrichter Knut Kircher sah die Handlung, so dass er
ihm die Gelbe Karte mit den Worten zeigte: "Herr Kahn, ich
zeige Ihnen jetzt die Gelbe Karte. Bitte nicht beißen." Kahn
lachte leicht.

26

Als Schiedsrichter betrunken ein Fußballspiel zu pfeifen, das traut sich wohl nicht jeder in der Bundesliga. Schiedsrichter Wolf Dieter Ahlenfelder sah das etwas anders und quälte sich 1975 beim Spiel Werder Bremen gegen Hannover 96 angeschwippst auf dem Spielfeld.. Zur Überraschung aller Beteiligten beendete er die erste Halbzeit schon nach 32 Minuten. "Wir sind Männer und trinken doch keine Fanta", äußerte er sich später, als man ihn auf seine Trunkenheit ansprach. Es ist bekannt, wer in einer Bremer Kneipe einen Ahlenfelder bestellt, bekomme ein Pils und einen Malteser. Diese Getränke soll Ahlenfelder vor seinem legendären Auftritt in Bremen getrunken haben. Ob er diese Kombination nur einmal bestellt hat?

Die Mutter aller Schiedsrichterfehler passierte wohl 1966 im Wembley-Stadion. Der sowjetische Linienrichter Tofiq Bahramov hatte nicht gesehen, ob der Ball von Geoff Hurst im Tor war oder nicht. Er entschied aufgrund der Reaktionen von Publikum und Spielern auf Goal für England zum 3:2. Das WM-Finale endete schließlich mit 4:2 (n.V.) für England gegen Deutschland.

Argentiniens Diego Maradona traf am 22. Juni 1986 in Mexiko-City mithilfe der "Hand Gottes" gegen Englands Torwart Peter Shilton zum 1:0 für Argentinien im Viertelfinale der Fußball-WM 1986 in Mexiko. Argentinien siegte Schließlich das mit 2:1.

Der englische Schiri Graham Poll ließ sich wohl von den vielen Karos auf den Trikots irritieren. Im Gruppenspiel der WM 2006 zeigte er dem Kroaten Josip Simunic gegen Australien drei Gelbe Karten, in der 63., 90. und schließlich Gelb-Rot in der 93. Minute. Das 2:2-Endergebnis hatte gleichzeitig das Aus für Kroatien zur Folge.

Lieb, nett und manchmal etwas frech oder einfach nur unfair? Am 18. November 2009 trafen sich Frankreich und Irland für die Qualifikation zur WM 2010. Thierry Henry bremste den Ball in der 103. Minute mit der Hand, bevor er schließlich für William Gallas auflegte. Dieser erzielte das 1:1, und ermöglichte so die Teilnahme Frankreichs zum Turnier nach Südafrika. Immerhin gab er seine Regelwidrigkeit zu, was den Iren allerdings nichts nützte.

Am 27. Juni kam wohl die ausgleichende Gerechtigkeit für das Wembley-Tor 1966. Im Achtelfinale der WM 2010 in Südafrika war Manuel Neuer in der 38. Minute ohne Chancen. Frank Lampard donnerte (beim Stand von 1:2 aus Sicht der Engländer) einen Ball aus etwa 17 Metern an die Latte, von wo aus die "Pille" deutlich hinter die Linie sprang. Alle bekamen das mit, nur die Schiedsrichter nicht. Deutschland servierte die Engländer mit 4:1 ab.

Eine Schiedsrichter-Fehlentscheidung führte zu einer höchst kuriosen Seitenwahl bei einem Frauen-Spiel von Manchester City.

Ein britischer Schiedsrichter wurde vom Fußballverband für 21 Tage gesperrt, weil er die Seitenwahl vor dem Spiel nicht ordnungsgemäß durchführen ließ.

David McNamara war der Schiri beim 1:1 in der Women Super League, der höchsten englischen Frauen-Liga, zwischen Manchester City und dem FC Reading. Weil er seine Münze in der Kabine vergessen hatte, entschied er sich für eine höchst unorthodoxe Methode für die Seitenwahl. Er ließ die Kapitäninnen "Schere, Stein, Papier" spielen.

Die Schiedsrichterbeauftragte der FA, Joanna Stimpson bezeichnete dies als einen "verrückten Moment". "Er dachte wohl, dass es das Richtige sei", sagte Stimpson. McNamara fühlte sich zeitlich stark unter Druck gesetzt, da das Spiel im Fernsehen übertragen wurde.

An dieser unsinnigen Sperre erkennen wir, welche fanatischen Züge der Fußballsport inzwischen angenommen hat. Vielleicht kommt ja noch der Zeitpunkt, an dem ein Schiedsrichter ins Gefängnis muss, weil er seine Münze vergessen oder verloren hat. "Schere, Stein, Papier" hat doch keine Auswirkung auf das Spielergebnis, und hat sogar noch einen kleinen Spaßeffekt. Armer, armer Fußball......

1994 hatte Schiedsrichter Hans-Joachim Osmers eine wohl gestörte Optik. In der 26. Minute schoss Bayern-Verteidiger Thomas Helmer am Tor der Nürnberger sichtlich vorbei. Aber Osmers gab einen Treffer zum 1:0. Bayern siegte in diesem Spiel mit 2:1. Das "Phantomtor" war geboren. Das Spiel wurde allerdings neu angesetzt, Bayern siegte mit 5:0.

Der Dortmunder Andreas Möller setzte 1995 gegen Karlsruhe die berühmte "Möllerschwalbe" ein. Abwehrspieler Dirk Schuster war noch gut einen Meter entfernt, als Möller sich fallen ließ. Der Schiri pfiff Elfmeter. Michael Zorc verwandelte, Dortmund siegte 2:1. Möller wurde aber nachträglich für zwei Spiele gesperrt.

Einen ähnlich eindeutiges Ereignis gab es in der Zweiten Bundesliga während der Saison 2009/10. Im Spiel MSV Duisburg gegen FSV Frankfurt (5:0) freute sich Christian Tiffert (MSV Duisburg) über ein Tor, das niemals hätte zählen dürfen. Nach dem Schuss an die Latte setzte der Ball einen Meter vor (!) dem Tor auf, aber die Unparteiischen sahen hier alle einen Treffer.

Ein weiterer Patzer passierte im letzten Gruppenspiel der EM 2012. In der zweiten Halbzeit der Partie Ukraine gegen England sahen die Schiedsrichter nicht, dass John Terry den Schuss von Marco Devic erst hinter der Torlinie bereinigte.

Haben Sie gewusst, dass es ein Land gibt, bei dem der Ball mit den Händen festgehalten werden darf. In Dänemark gelten hier nämlich andere Regeln. Bei einem Elfmeter, darf ein Mitspieler den Ball bis zum Abschuss festhalten. Diese Sonderregel gilt jedoch nicht für ganz Dänemark, sondern nur für die Färöer Inseln. Der Grund dafür ist, dass dort oft ein dehr starker Wind weht. Die Regel soll verhindern, dass der Ball jedes Mal weggeweht wird, was das Elfmeterschießen doch sehr beeinflussen würde.

Eine Fußball-Team muss nicht mit elf Spielern auflaufen. Die Regel schreibt nur vor, dass es mindestens sieben Spieler sein müssen. Auch wenn dies in der Praxis eher selten oder nie vorkommt, ist es doch in den Regeln festgelegt. Sollte in einem solchen Fall ein Spieler verletzungsbedingt das Spielfeld verlassen müssen, darf der Schiedsrichter das Spiel abbrechen. Das trifft auch zu, wenn er der Mannschaft eine rote Karte gibt.

Es gibt aber noch eine exotische Regel. Die Absicht dahinter ist jedoch nicht, die Spieler zum Tragen von Schuhen zu zwingen, wer spielt schon ohne Schuhe. Vielmehr bezieht sich diese Regel auf Zufälle, wo der Spieler seinen Schuh verliert. Sollte er in dem Fall weiterspielen, begeht er einen Regelverstoß, und es wird auf Strafstoß gepfiffen.

Was passiert, wenn der Schiedsrichter von einem Ball getroffen wird, und dieser geht ins Tor?
In diesem Fall sahen die Fußballregeln vor, dass das Tor gegeben wird. Dasselbe gilt, wenn es sich um einen Linienrichter handelt. Das ist wohl eher noch nicht vorgekommen. Inzwischen wurde die Regel aber geändert. Das Tor zählt nicht und das Spiel wird mit Schiedsrichter-Ball fortgesetzt.

Bekommt ein Spieler eine rote Karte, muss er das Spielfeld verlassen. Die Mannschaft muss außerdem mit zehn Spielern weiter agieren. Dies gilt allerdings nicht, wenn die rote Karte vor dem Anpfiff gezeigt wird. In diesem Fall darf die Mannschaft, einen anderen Spieler einsetzen, um mit elf Spielern antreten zu können. Aber wie kommt es vor dem Anpfiff zu einer roten Karte?
In der Praxis kann das passieren, wenn sich Mannschaftsmitglieder schon vor Beginn des Spiels aggressiv oder unsportlich zeigen.
Solche Situationen hat es tatsächlich schon gegeben.

Das Ziel eines jeden Angriffs ist es, ein Tor zu erzielen. Dass dies meistens nicht gelingt, liegt nicht nur an der Verteidigung oder dem Versagen der Stürmer. Auch treffen viele Schüsse nur den Pfosten oder die Latte. Normalerweise geht das Spiel dann einfach weiter. Doch was geschieht, wenn der Schuss die Latte oder den Pfosten zerdeppert?
Hier ist der Vorfall mit einem Schiedsrichterball von der Fünfmeterlinie zu beantworten, neues Tor oder Reparatur inklusive, ansonsten wird das Spiel abgebrochen.

Fußballspieler leiden oft unter schlechtem Wetter. An manchen Tagen ist es heiß oder extrem kalt. Weiterhin gab es schon Spiele, bei denen starker Regen, Hagel, Orkan oder Gewitter auftrat.

Im Extremfall wird das Spiel natürlich abgepfiffen oder gar nicht erst angepfiffen. Die Gesundheit der Spieler geht vor. Doch was geschieht bei Nebel?

Es ist Schiedsrichtern erlaubt, das Spiel abzubrechen, wenn starker Nebel herrscht. Das Spiel darf abgebrochen werden (oder auch gar nicht erst angepfiffen), wenn man nicht mehr von einem Tor zum anderen sehen kann, aber auch nur in diesem Fall.

Die brutalsten Fouls

Die 20 brutalsten und gemeinsten Fouls der Fußball-Geschichte

1. Es war ein Knockout, der beim Ligapokalendspiel Chelsea gegen Arsenal im Jahr 2007 geschah. Die Folge war eine schwere Verletzung bei John Terry, dem Chelsea-Kapitän, verursacht durch seinen Gegner Abou Diaby.
Der Franzose wollte wohl zu eifrig den Ball von seinem Tor fernhalten, traf allerdings Terry mit gestrecktem Fuß und Vollspann am Unterkiefer.
Dieser wurde so stark durch den Tritt am Kopf verletzt, dass er seine Zunge verschluckte, und die Atmung kurz stockte. Er verlor auch noch das Bewusstsein und musste ins Krankenhaus gebracht werden.
Dieses konnte er zum Glück nach nur kurzer Zeit wieder verlassen, und trug keine bleibenden Schäden davon. Terry holte sich sogar am selben Tag seine Medaille ab, denn Chelsea siegte im Finale mit 2:1. Diaby erhielt übrigens keine Strafe, denn eine Absicht war nicht zu erkennen.

2. Gegen den FC Liverpool leistete sich Blues-Verteidiger José Bosingwa von Chelsea im Jahr 2009 einen bösen Fehltritt.
In der Nachspielzeit sprang der Portugiese vollkommen un-nötig und überraschend aus dem Hinterhalt Yossi Benayoun mit gestrecktem Bein in den Rücken.
Seltsam dabei war, dass Bosingwa für diese Aktion noch nicht einmal bestraft wurde. Mit englischer Härte kann man dies nicht erklären, eher mit Extrem-Frust-Foul, denn das Spiel endete für Chelsea mit einer Niederlage.
Wenigstens sah Bosingwa im Nachhinein seinen Fehler ein und entschuldigte sich öffentlich. Benayoun verletzte sich wie durch ein Wunder nicht.

3. Er war lange Zeit das Aushängeschild von Englands Rekordmeister Manchester United, der Ire Roy Keane. Er fiel allerdings auch durch Gewalt und Alkohol in der Öffentlichkeit auf. Auf dem Fußballplatz war er auch manch-mal ein Rüpel.
Der Ire trat seinem Gegenspieler im Flug so die Beine weg, dass dieser in hohem Bogen zu Boden kracht.
Der betroffene Spieler Pointen ließ sich nichts anmerken und spielte weiter, als wäre nichts geschehen (echte Männer).
Vielleicht erhielt Keane deswegen nur die Gelbe Karte.
Warum Keane dermaßen unkontrolliert reingrätschte, weiß eigentlich niemand. Denn Manchester das Spiel deutlich mit 5:2.

4. Gerade einmal drei Minuten waren bei der Partie Celtic gegen die Rangers 2011 vergangen, als Kyle Bartley mit voller Wucht seine Beine in die seines Celtic-Rivalen Scott Brown rammte.

Es kam zu hitzigen Debatten, Rudelbildung und Rangeleien zwischen den Vereinen.

Der Schiedsrichter zog nur die gelbe Karte und gab einen Freistoß. Als Entschädigung für das frühe Foul konnte Celtic aber immerhin 3:0-Sieg gewinnen, und Brown blieb glücklicherweise unverletzt.

5. Ein Foul mit Vorsart beging Michael Brown. Für sein Foul im Spiel Fulham gegen Manchester United im Jahr 2006 bekam er nur die gelbe Karte. In Anbetracht der Bilder war das sehr erstaunlich.

Der Engländer sprang gestreckt mit beiden Beinen und auch noch von oben auf die Beine des auf dem Boden rutschenden Ryan Giggs.

Trotzdem verlor Fulham das Spiel mit 5:1. Brown war bekannt für sein hartes Einsteigen und wurde dafür auch zurecht mehrmals öffentlich kritisiert.

Er erhielt über 100 gelbe und 7 rote Karten.

6. Ein Foul oder viel mehr eine brutale Tätigkeit wird jetzt geschildert. 1994 musste zum ersten Mal ein europäischer Profispieler für ein Foul in den Knast. In einem Liga-Spiel der Glasgow Rangers gegen die Raith Rovers verabreichte der Schotte Duncan Ferguson seinem Gegenspieler John McStay nach einem harten Zweikampf eine Kopfnuss.
Ferguson erhielt noch nicht einmal die rote Karte (!), wurde im Nachhinein aber für 44 Tage ins Gefängnis gesteckt.
Seiner Karriere litt darunter aber nicht, denn auch danach spielte Ferguson noch weiter bei britischen Vereinen.
Zum Glück kam McStay mit einer aufgeplatzten Lippe noch relativ gut davon.

7. Im Spiel Newcastle United gegen Wigan Athletic im Jahr 2013 erwischte McManaman seinen Gegenspieler Haidara, indem er mit gestrecktem Bein voran in den Zweikampf einstieg.
Haidara zog sich eine relativ leichte Bänderverletzung im Knie zu und fiel nur drei Wochen aus. Der Schiedsrichter entschuldigte sich immerhin im Nachhinein, das Foul nicht geahndet zu haben.
Nach diesem Foul wurde ein Gremium in England eingerichtet, dass sich Spiele nach dem Abpfiff nochmals genau ansieht und Spieler gegebenenfalls nachträglich sperren konnte.
Ja, auch englische Härte kann übertrieben werden.

8. Kommen wir zu einem Foul wie aus einem Horrorfilm. In der Premier League Partie Stoke City gegen Arsenal London kämpften beide Mannschaften 2010 erbittert. Besonders Stokes Ryan Shawcross war dabei sehr hitzig und emotional. Er zertrümmerte regelrecht mit einem bösen Foul das rechte Bein seines Gegenspielers Aaron Ramsey.

Der als Super-Talent geltende Arsenal-Spieler lag am Boden und schrie vor Schmerzen. Minutenlang wurde er sogar mit einer Sauerstoffmaske versorgt.

Übeltäter Shawcross bekam natürlich nach seiner Attacke die rote Karte, war aber sofort einsichtig, und man sah ihm sofort sein schlechtes Gewissen an. Er entschuldigte sich umgehend und mit Tränen in den Augen bei dem schwer verletzten Gegenspieler.

Für Ramsey bedeutete dieses Foul einen Schien- und Wadenbeinbruch das Saisonaus. Shawcross wurde nur für drei Spiele gesperrt (!). Der TV-Sender SkySport verzichtete auf eine Übertragung der Wiederholung, weil die Bilder zu brutal waren.

Die brutalsten Fouls

9. Auch deutsche Profis können gut foulen. Das Halbfinale der Fußball-Weltmeisterschaft 1982 war ein echter Krimi. Zum Schluss siegte Deutschland gegen Frankreich im Elfmeterschießen. Schuldig in Bezug auf die Niederlage war aus Sicht der Franzosen der Torhüter Toni Schuhmacher.
In der zweiten Halbzeit sprang dieser wuchtig in Patrick Battiston hinein. Dieser befand alleine vor dem Tor und war kurz davor den Ball hineinzulupfen. Doch Schumacher traf den Franzosen mit seinem Becken und voller Wucht am Kopf, wodurch der Ball schließlich das Tor verfehlte. Battiston blieb sogar bewusstlos am Boden liegen, und kam mit einem angebrochenen Halswirbel, zwei verlorenen Zähnen und einer Gehirnerschütterung ins Hospital. Die Aktion wurde noch nicht einmal vom Schiedsrichter als Foul gewertet. Der Torhüter bekam sogar noch seinen Abstoß, unfassbar.
Schumacher musste sich, wohl zu Recht, harte Kritik gefallen lassen. Nicht nur für seine brutale Rettungsaktion, sondern auch dafür, dass er sich noch nicht einmal um die Gesundheit seines Gegenspielers kümmerte.

 # Die brutalsten Fouls

10. Im Jahre 2001 grätschte Keane den Norweger Alf Inge Haaland vorsätzlich um, wie Keane später selbst zugab! Grund dafür soll eine Handlung gewesen sein, die sich ein paar Jahre früher zugetragen hatte. Denn 4 Jahre zuvor wollte Keane auch schon den Norweger umnieten, verletzte sich aber bei dieser Aktion selbst am Kreuzband. Daraufhin beschuldigte ihn Haaland seine Verletzung nur vorgetäuscht zu haben.

2001 kam es dann zum Racheakt. Keane wurde nach der brutalen Attacke für drei Spiele gesperrt, und erhielt eine Geldstrafe von 6000 Euro. Kurz Zeit später schrieb Keane sogar in seiner Autobiographie, das Foul geplant zu haben. Jetzt kam es zu einer krassen Strafe und Keane musste diesmal richtig zahlen, mehr als 200 000 Euro.

Es wurde sogar behauptet, dass das Revanchefoul das Karriereende für Haaland bedeutete, weil der Mittelfeldspieler sich später eine Verletzung am Knie zuzog und seine Karriere beenden musste. Das stimmt aber nicht. Erstens konnte Haaland nach dem Foul weiter spielen, zweitens bestritt er kurze Zeit später noch ein Länderspiel und drittens musste er seine Laufbahn 2 Jahre später wegen massiver Probleme am anderen Bein beenden und nicht an dem Bein, das Keane so böse zugerichtet hatte.

11. Ein unnötiges aber sehr brutales Foul geschahbBeim Spiel zwischen dem Hamburger SV und dem VfB Stuttgart 2012. Der peruanische Nationalspieler Paolo Guerrero trat den gegnerischen Torhüter Sven Ulreich im Kampf um den Ball in der Eckfahne einfach um. Guerrero nahm dabei auch noch jede Menge Anlauf und säbelte den Torwart brutal um.
Der HSV-Stürmer flog sofort vom Platz, und sah sein Fehlverhalten noch nicht einmal ein, er protestierte sogar dagegen (!).
Zum Glück wurde er für acht Spiele gesperrt. Das bedeutet bis heute die viertlängste Bundesliga-Sperre
.

12. Der ehemalige Bremer und Nationaltorhüter Tim Wiese ist ein Wiederholungstäter, was böse Fouls betrifft. Er arbeitete auch mit Kung-Fu-Tritten.
In einem Liga-Spiel von Werder Bremen gegen den deutschen Rekordmeister Bayern München im Jahr 2011 wollte der Ex-Keeper ein weiteres Gegentor seiner Mannschaft vermeiden, und traf dabei Thomas Müller in feinster Karatetechnik und mit voller Wucht um. Bereits 2009 machte Wiese mit seinen Kampfkünsten im Spiel gegen den HSV auf sich aufmerksam, als er Ivica Olic wegsäbelte. Im Gegensatz zu diesem Foul sah er endlich einmal Mal die rote Karte für eine solche brutale Aktion
Wiese verließ das Spielfeld, noch ehe der Schiedsrichter die Karte zückte.
Für drei Spiele sperrte man den ehemaligen Nationaltorhüter. Seitdem trägt er den Spitznamen „Kung-Fu-Wiese". Thomas Müller konnte zum Glück unverletzt weiterspielen.

 # Die brutalsten Fouls

13. Der portugiesische Nationalspieler Pepe ist für seine aggressive Spielweise in Fachkreisen sehr bekannt. Im Jahre 2009 zeichnete er sich für höchste Brutalität der Sonderklasse aus.

Im Liga-Spiel Real Madrid gegen FC Getafe foulte er seinen Gegenspieler Casquero im Strafraum und geriet dann auch noch vollkommen außer sich. Pepe beschuldigte seinen Gegenspieler, sich absichtlich fallen gelassen zu haben, und trat dann mehrmals auf den am Boden liegenden Spieler ein. Weiterhin schlug er auch noch einen anderen Gegenspieler. Der Innenverteidiger bekam die rote Karte wegen einer Tätlichkeit. Dessen nicht genug, beschimpfte er zusätzlich noch den Schiedsrichter.

Letztendlich wurde er für zehn Spiele gesperrt.

Die brutalsten Fouls

14. In einem Vorbereitungsspiel ging es in der Partie Chelsea gegen AC Florenz 2015 mächtig zur Sache. Kurt Zouma lief seinen Gegner Ricardo Bagadur mit voller Wucht um.
Ob dies jugendlicher Leichtsinn des damals 20-jährgen Innenverteidigers war oder ob er seinen Trainer Jose Mourinho imponieren wollte, werden wir wohl nie erfahren. Zouma hatte Glück und bekam für diese Unsportlichkeit nur die gelbe Karte.
Bagadur verletzte sich zum Glück nicht schwer, und konnte weiterspielen.

15. Es geschah bei der WM 2006 in Deutschland. Im Finale Italien gegen Frankreich setzte der Weltfußballer Zinedine Zidane seinem Gegner Marco Materazzi eine Kopfnuss. Die Ursache für den Ausraster waren heftige Beleidigungen des Italieners gegen die Familie, besonders gegen die Schwester, von Zidane. Materazzi fiel zu Boden, erholte sich aber schnell wieder. Natürlich flog Zidane vom Platz.
Italien siegte auch noch im Elfmeterschießen. Zidane sperrte man drei Spiele, und musste 7000 Euro zahlen. Wegen der Beleidigungen wurde der Italiener nachträglich für zwei Spiele gesperrt, und hatte 5000 Euro zu bezahlen.

Die brutalsten Fouls

16. 2013 spielten Kroatien und Serbien um das WM-Ticket für die WM 2014 in Brasilien, als in der Schlussphase der Kroate Simunic seinen Gegner Miralem Sulejmani vorsätzlich um- nietete. Damit verhinderte der Verteidiger eine gute Torchance und eine Niederlage seiner Mannschaft. Der Kroate sah selbstverständlich rot. Trotzdem sagt Simunic, er würde solch ein Foul immer wieder begehen, wenn es um die Entscheidung eines derartigen Spieles ginge.

Sulejmani erlitt glücklicherweise nur Prellungen und einen geschwollenen Oberschenkel. Übeltäter Simunic sperrte man für mehrere Spiele.

Für die Serben war dieses Foul das schlimmste in ihrer Fuß- ballgeschichte, denn letztendlich verhalf es Kroatien zur Teilnahme an der WM 2014.

Die brutalsten Fouls

17. Eigentlich war es nur ein Freundschaftsspiel zwischen dem FC Portsmouth und dem FC Chelsea im Jahr 2010, aber trotzdem ereignete sich dort ein brutales Foul.

In der Schlussphase der Partie trat John Terry seinen Gegenspieler Michael Brown im Strafraum mit einem Kung-Fu Tritt nieder.

Brown hatte die Chance auf den Ausgleich, was Chelseas Terry mit allen Mitteln verhindern wollte.

Der Mittelfeldspieler von Portsmouth krümmte sich auf dem Rasen vor Schmerzen, sofort tat dieses wenigstens dem Verteidiger der Blues leid.

Er ging zu dem Verletzten, und entschuldigte sich. Der Schiedsrichter ließ erstaunlicherweise die Karte stecken, obwohl Terry die Verletzung seines Gegners leichtsinnig riskierte. Brown hatte sehr viel Glück und konnte nach der Behandlung weiter spielen.

 # Die brutalsten Fouls

18. In einem Liga-Spiel zwischen Manchester City und Portsmouth im Jahre 2006 wurde Pedro Mendes von Ben Thatcher übelst niedergestreckt.
Der massive Ellbogeneinsatz des linken Verteidigers ließ Mendes regungslos am Boden liegen.
Der portugiesische Nationalspieler war sogar bewusstlos.
Thatcher bekam nur die gelbe Karte, was man einfach nicht mehr verstehen kann.
Sein Opfer wurde hingegen sofort ins Krankenhaus geliefert.
Zum Glück gab es schnell eine Entwarnung, denn Mendes erholte sich nach kurzer Zeit komplett.
Immerhin bat der Übeltäter sofot um Entschuldigung,und man sah ihm seine Reue an.
Von der FA wurde Thatcher acht Spiele nachträglich gesperrt, was wohl vollkommen in Ordnung geht
Aber man setzte sogar noch "einen oben drauf": In einem Wiederholungsfall innerhalb von zwei Jahren hätte er eine weitere Sperre von 15 Spielen kassiert.

Die brutalsten Fouls

19. Das spektakulärste Foul der Bundesliga-Geschichte geschah 1981 im Spiel Werder Bremen gegen Arminia Bielefeld. Norbert Siegmann sprang mit voller Wucht gegen Ewald Lienen.

Der ehemalige Bielefelder fasste sich daraufhin ans Bein, und stand plötzlich unter Schock. Ans Tageslicht kam eine 25 cm lange offene Wunde am Oberschenkel, bei der der Knochen deutlich sichtbar war.

Lienen lief noch auf den damaligen Trainer Bremens Otto Rehhagel zu, weil er diesen dafür verantwortlich machte, dass er Siegmann zum absichtlichen Foul animiert hätte. Danach brach er vor Schmerzen zusammen, und wurde schließlich behandelt.

Siegmann, der fast immer ein fairer Abwehrspieler war, bekam nur die gelbe Karte.

Bis heute ist dieses Foul in jeder offiziellen Liste, als eines der fürchterlichsten Fouls national wie international zu finden. Norbert Siegmann wurde daraufhin „Schlitzer" von vielen Personen genannt.

Lienen musste mit 23 Stichen genäht werden und stand aber nach vier Wochen schon wieder auf dem Rasen. Die beiden Ex-Profispieler versöhnten sich zum Glück wieder.

Wir müssen hier aber festhalten, dass dieses Foul einfach nur einen unglücklichen Ausgang hatte, und so nicht geplant war.

 # Die brutalsten Fouls

20. Der Niederländer Nigel de Jon ist bekannt für seine rüpelhafte Spielweise, und fiiel immer wieder durch harte Fouls auf.

Das bekannteste sah man bei der Weltmeisterschaft 2010. Im Finale gegen Spanien trat er mit offener Sohle und Stollen Xabi Alonso mit voller Wucht gegen die Brust.

De Jong bekam aus unerklärlichen Gründen nur die gelbe Karte, obwohl diese fiese Aktion eine klare Tätlichkeit war. Wegen weiterer unschöner Aktionen wurde de Jong für die Spiele zur Europameisterschafts-Qualifikation 2012 vom Nationaltrainer Hollands ausgeladen.

Xabi Alonso blieb zum Glück unverletzt, und holte mit seiner Mannschaft den Weltmeister-Titel.

Die letzten Seiten dieses Buches schildern zwei negative Kapitel, die den Fußballsport direkt oder indirekt betreffen. Beginnen wir mit den Katastrophen und Unglücken.

1. Am 5.4.1902 kam es zum Einsturz einer Tribüne, bei dem 25 Menschen starben. Dies geschah während eines Länderspiels zwischen Schottland und England in Glasgow.

2. Das nächste große Unglück geschah am 9.3.1946 in Bolton. Während der Partie zwischen Bolton Wanderers und Stoke City stürzte eine Begrenzungsmauer ein, 33 Menschen verstarben.

3. Am 30.03.1955 bricht ein Geländer im Stadion von Santiago de Chile, wobei sechs Menschen getötet wurden. Hier spielte Chile gegen Argentinien.

4. Bei einem Spiel zwischen Chile und Brasilien bricht wieder ein Geländer im Stadion von Santiago de Chile im April 1961, fünf Tote sind zu beklagen.

5. Am 24.5.1964 kam es zu einem Unglück in Peru der Stadt Lima von einem extremen Ausmaß. Bei einem Länderspiel zwischen Peru und Argentinien kam es zu einer Massenpanik. 350 Tote und 500 Verletzte waren die traurige Bilanz.

6. 16 Tote gab es bei einem illegalen Eindringen von Fans in ein überfülltes Stadion in Südkorea am 5.10.1965.

7. Am 27,10.1966 waren 12 Tote in Nicaragua zu beklagen. Es kam zu einem massiven Gedränge an den Ausgängen nach Spielende.

8. In der Türkei in der Stadt Kayseri wurde am 17.9.1967 ein schlimmes Unglück gemeldet. Während des Spiels zwischen Kayserispor und Silvasspor folgten heftige Ausschreitungen nach einem umstrittenen Tor, Resultat 43 Tote und 600 Verletzte.

9. Am 23.6.1968 kam es im Stadion von Buenos Aires zu einer Massenpanik nach Spielende der Partie zwischen River Plate und Bocia Juniors mit 74 Toten und 150 Verletzten.

10. Es folgt der 6.10.1969 in der Demokratischen Republik Kongo der Stadt Bukavu. Bei einer Massenpanik kamen 27 Menschen ums Leben, 107 wurden verletzt.

11. Eine weitere Massenpanik kostete 66 Menschen das Leben. Das Unglück fand am 2.1.1971 in Glasgow statt. Es spielten damals Celtic gegen die Rangers.

12 Am 4.03.1971 folgte eine Schägerei mit vier Toten bei einem Zweitligaspiel in Brasilien der Stadt Salvador.

13. Am 17.02.1974 wurde eine weitere Massenpanik in Agypten der Stadt Kairo gemeldet. Während der Partie zwischen Zamalek SC und Dukla Prag verursachte diese 49 Tote.

14. Auch Haiti bleibt nicht verschont. In der Stadt Port-au-Prince kam es auch zu einer Massenpanik, verursacht durch Feuerwerkskörper. Fünf Menschen starben während des Länderspiels zwischen Haiti und Kuba.

15. Nun folgt auch Deutschland der traurigen Entwicklung. Am 1.4.1977 ist ein Toter während des Spiels Hamburger SV und dem FC Bayern München zu beklagen. Ein Massensturz war dem vorausgegangen.

16. In Indonesien waren am 16.9.1979 während eines Fußballspiels 12 Menschen ums Leben gekommen, Ursache unklar.

17. Am 8.2.1981 kam es zu einem grob fahrlässigen Verhalten in Griechenland in der Stadt Athen. Nach der Partie zwischen Olympiakos Piräus und dem AEK Athen blieben die Ausgangstore verschlossen, die bittere Folge waren 21 Tote.

18. Am 18.11.1982 in Kolumbien geschah ein weiteres Unglück in der Stadt Cali. Während des Fußballspiels zwischen America de Cali und Deportivo Cali kam es zu einer Massenpanik unter den Zuschauern, 24 Menschen verstarben.

19. In Algerien der Stadt Algier stürzte am 27.11.1982 die Fußballtribüne ein. Acht Menschenleben waren zu beklagen. 27.11.1982

20. Am.11.5.1985 brannte eine Holztribüne in England im Stadion der Stadt Bradford während des Spiels zwischen Bradford City und Lincoln City. Hierbei starben 56 Menschen.

21. Sogar die Stadt Brüssel war schon von einem schweren Unglück im Fußballsport betroffen. Am 29.5.1985 spielte Juventus Turin hier gegen den FC Liverpool. Hierbei kam es zu 39 Toten unter den Zuschauern durch Ausschreitungen, Massenpanik und Einsturz einer Begrenzungsmauer.

22. Am 10.3.1988 spielten in Libyen in der Haupstadt Tripolis Libyen gegen Malta. Auch hier stürzte eine Tribüne ein und 30 Menschen verstarben.

23. In Nepal der Stadt Kathmandu fand am 12.03.1988 das Finale um den Tribhuvan Challenge Shield Cup statt. Durch einen Hagelsturm kam es zu einer Massenpanik, 93 Tote und 100 Verletzte die Folge.

24. Durch einen schweren Fehler der Polizei kam es am 15.04.1989 in England der Stadt Sheffield zu einem riesigen Unglück. Während der Partie zwischen Liverpool und Nottingham Forest entstand ein Massenandrang auf einer überfüllten Stehplatztribüne, 96 Menschen und 766 verletzten sich.

25. Auch am 13.1.1991 entstand eine Massenpanik in Südafrika in der Stadt Orkney während des Spiels Orlando Pirates gegen Raizer Chiefs. Hier kamen 42 Menschen ums Leben
.
26. Und wiederum stürzt eine Zusatztribüne ein (!). Am 05.05.1992 in Frankreich der Stadt Bastia war dies der Fall während des Spiels zwischen SC Bastia und Olympique de Marseille. 15 Tote waren zu beklagen und 1300 Menschen blieben verletzt.

27. In Honduras starben während eines Blitzeinschlages im Stadion 16 Menschen und 38 verletzten sich.
03.06.1995

28. Bei einer Massenpanik beim Verlassen des Stadions am 16.06.1996 in Sambia der Stadt Lusaka wurden 15 Menschen getötet.

29. Während eins Fußballspiels in der Haupstadt Libyens kam es zu Ausschreitungen nach einer umstrittenen Schiedsrichterentscheidung am 9.7.1996 mit 70 Toten.

30. Am 16.10.1996 entstand in Guatemala-Stadt wiederum ein Massenandrang auf eine ohnehin schon überfüllte Tribüne während des Spiels Guatemala gegen Costa Rica. Hierbei starben 84 Menschen.

31. Bei einem Länderspiel zwischen Nigeria und Ägypten in Nigeria der Stadt Lagos blieben nach dem Abpfiff die Ausgänge verschlossen, dies verursachte 5 Tote.

32. Ein ungewöhnlicher Grund führte am 26.9.1997 in Halle zu 4 Toten. Dies geschah vor der Partie zwischen Hallescher FC und dem VFL Halle 96.
Ein Fallschirmspringer, der den Spielball bringen sollte, stürzte mit ungeöffnetem Fallschirm in die Menschenmenge im Kassenbereich (!)

33. Am 29.11.1998 wurde in Argentinien in der Stadt Buenos Aires bei einer Meisterfeier im Stadion sogar eine Schusswaffe eingesetzt, ein Fan wurde getötet.

34. Am 30.10.1999 wurde in Jugoslawien während der Partie zwischen Roter Stern und Partizan ein 17-jähriger Fan von einer Leuchtrakete getroffen, der schließlich verstirbt.

35. Bei einer Massenpanik im Stadion von Alexandria starben am 11.1.1999 acht Menschen.

36. Am 23.04.2000 in Liberia der Stadt Monrovia starben während des Länderspiels zwischen Liberia und Tschad drei Menschen wegen eines überfüllten Stadions.

37. Ein übertriebener Polizeieinsatz löste am 9.7.2000 eine Massenpanik in Simbabwe der Stadt Harare aus. In dem Stadion starben 13 Menschen.

38. Am 11.4.2001 kam es wieder zu einer Massenpanik in einem überfüllten Stadion. Im Stadion von Johannesburg starben dadurch während des Spiels zwischen Kaizer Chiefs und Orlando Pirates 47 Menschen.

39. Eine riesige Katastrophe ereignete sich am 9.5.2001 in Ghana der Stadt Accra. Bei der Partie zwischen Accra Hearts of Oak und Kumasi Ashanti Kotoka kamen bei Ausschreitungen, Massenpanik und massivem Polizeieinsatz 126 Menschen ums Leben, 150 wurden verletzt.

40. In einem Stadion von Sambia waren am 3.6.2007 12 Tote zu beklagen.

41. Im Spiel der D.R. Kongo in der Stadt Butembo spielten am 19.9.2008 Socozaki gegen Nyuki System. Hier starben bei einer Massenpanik 13 Menschen, 54 wurden verletzt.

42. Am 29.03.2009 spielten in der Elfenbeinküste der Stadt Abidjan bei einem Länderspiel Elfenbeinküste gegen Malawi. Hierbei kam es unter den Zuschauern zu 19 Toten und 132 Verletzten.

43. Zu einem Horrorszenarium kam es am 1.12.2012 in Ägypten der Stadt Port Said. Bei der Partie zwischen al Ahly Kairo und al-Masry entstanden gewalttätige Ausschreitungen. Die Folge waren 74 Tote und 1000 Verletzte.

44. Am 13.11.2015 in Frankreich der Stadt Saint-Denis spielten Frankreich gegen Deutschland. Bei einem Anschlag mit zwei Explosionen starben drei Menschen.

45. Im Stadion von Uige im Land Angola trat wieder eine Massenpanik auf. Hier kamen am 10.2.2017 17 Menschen ums Leben, 59 wurden verletzt.

46. Im November 2016 stürzte in Kolumbien eine Charter-Maschine ab, in der auch das brasilianische Erstliga-Fußballteam Chapecoense aus der westbrasilianischen Stadt Chapecó reiste. Fast alle Spieler starben dabei und 71 der 77 Passagiere. Die Mannschaft sollte in Medellín das Final-Hinspiel der Copa Sudamericana, dem zweitwichtigsten Vereinswettbewerb des Kontinents, gegen Atlético Medellín bestreiten.

47. Im April 1993 kamen bei einem Flugzeugabsturz in Senegal nach einer Zwischenlandung alle Stammspieler der Fußball-Nationalmannschaft von Sambia ums Leben. Die Militärmaschine stürzte ins Meer.

48. Im Juni 1989 streifte eine DC-8 beim Landeanflug auf Paramaribo einen Baum und zerschellte. Unter den 174 Toten waren auch 16 der in den Niederlanden arbeitende Profifußballer, die in ihrer Heimat Wohltätigkeitsspiele absolvieren wollten.

49. Im Dezember 1987 stürzte ein Flugzeug der peruanischen Marine vor der Küste von Lima ins Meer. Unter den 43 Todesopfern befanden sich auch 16 Spieler der Fußballmannschaft Alianza Lima, darunter vier Nationalspieler.

50. Im Februar 1958 stürzte die Fußballmannschaft Manchester United auf dem Rückflug von einem Europacupspiel bei Roter Stern Belgrad kurz nach einer Zwischenlandung in München mit einer Chartermaschine ab. 23 Menschen starben, darunter acht Fußballspieler. 15 Passagiere überlebten, dazu waren auch, wie durch ein Wunder, Fußball-Legende Bobby Charlton und Trainer Matt Busby
51.Im Mai 1949 streifte eine Maschine mit der Mannschaft des italienischen Fußballmeisters FC Turin an Bord auf dem Rückflug von Lissabon bei Turin einen Kirchturm. Das Flugzeug sürzte ab, alle 31 Insassen kamen ums Leben, darunter 15 Fußballer.

Es gibt nur wenige Sportarten, in denen die besten Sportler und Trainer mehr verdienen als im Fußball. Hierzu gehören zum Beispiel Basketball, Golf oder der Formel 1 Sport.
Allerdings gibt es wohl kaum eine zweite Sportart, in der so viele Aktive mehr oder weniger viel Geld verdienen. Selbst in der vierten Liga in Deutschland kann man getrost von Profis sprechen.

In der ersten Bundesliga haben die Gehälter inzwischen astronomische Höhen erreicht (gleich mehr dazu), aber um so mehr und härter wird genau um diese "Arbeitsplätze" gekämpft. Oftmals spielt ein Fußballer nur eine Saison für einen Verein aus der ersten Liga oder sitzt sogar nur ein Jahr auf der Reservebank, und verschwindet dann für alle Zeit in die 4. oder 5. Liga.

Diese Spieler haben mit Sicherheit finanziell nicht ausgesorgt. Natürlich braucht man mit diesen Menschen kein Mitleid zu haben, arbeiten doch etwa 10 Millionen Menschen in Deutschland unter 12 Euro pro Stunde und fast 6 Millionen Menschen leben vom Bürgergeld (Stand Januar 2024 / welches allerdings zu diesem Zeitpunkt relativ üppig ausfällt), aber der tiefe sportliche Fall hinterlasst oft psychische Störungen. Ein gewisses Mitgefühl für diese Fußballer kann man schon bekommen. Aus der Traum von Erfolg, Ruhm und Geld. Der ernüchternde Alltag mit "normaler" Arbeit kehrt urplötzlich zurück, der geliebte Sport bringt nur noch ein Taschengeld.

Während meines Sportstudiums von 1984 bis 1988 lernte ich einen hervorragenden Fußballer kennen, der für ein Jahr Vertragsamateur bei einem Verein aus der ersten Liga war.

Hierfür bekam er 50.000 DM, wurde aber kein einziges Spiel aufgestellt. Der betreffende Verein hatte ihn mit großen Versprechungen gelockt, aber nach dem Jahr durfte er wieder gehen. Dieser Fußballer spielte danach nie höher als dritte Liga. Nebenher musste er selbstverständlich einem anderen Beruf nachgehen, da man in den 80er Jahren in der Regel in der 3. Liga nicht viel verdiente.

Dies ist nur eine mündliche Überlieferung des betreffenden Spielers. Er erzählte häufig von dieser Geschichte. Man konnte leicht erkennen, wie sehr er unter diesem Scheitern litt.

Ein weiterer realistischer Fall wird in meinem Buch "Fußballer Wamba" geschildert, der von einem Fußballer erzählt, der jederzeit in der Bundesliga hätte spielen können. Er spielte nie höher als 6. Liga. Bemerkenswert ist aber, dass er bis zu 2000 Euro pro Monat dadurch verdiente. Eine solche Einnahme eines Spielers in dieser Amateurklasse ist natürlich eine absolute Seltenheit.

Ich lernte aber noch einen weiteren Fußballer kennen. Dieser hatte einen Profivertrag mit einem Verein aus der ersten Bundesliga, bestritt aber kein einziges Spiel. Dafür bekam er immerhin so viel Geld, dass er sich davon ein Einfamilienhaus kaufte.

Doch nun kommen wir zu den aktuellen Gehältern im gesamten Fußballsport. Diese sind in den letzten 40 Jahren immer weiter und schneller angestiegen.

Gehälter in der 1. Bundesliga

Die Gehälter im deutschen Profifußball wachsen mit jedem Jahr immer weiter an. Die Gehaltsangaben, die gleich folgen, sind aber nur geschätzte Zahlen, die aber mit Sicherheit der Realität sehr nah kommen.

Bei den Bundesligisten sieht man nicht nur in Bezug auf die Leistung große Unterschiede, sondern auch bei den Gehältern. Ganz oben liegt natürlich der FC Bayern mit großem Abstand. Die Spieler des Rekordmeisters bekommen insgesamt zum Beispiel zwölfmal so viel wie der Kader des SC Freiburg.

Hohe Gehaltsausgaben bedeuten aber nicht immer höheren sportlichen Erfolg. Im normalen Berufsleben bedeuten höhere Gehälter ja auch nicht immer mehr Leistung. Mit dem Hamburger SV und dem 1. FC Köln sind z.B. in der Saison 2017 / 18 zwei Vereine abgestiegen, die sich in der Gehaltstabelle im Mittelfeld befanden. Freiburg hielt sogar erneut die Liga.

Hier wird auch deutlich, warum der Konkurrenzkampf in der 1. Liga so extrem ist. Schon in der 2. Liga sind die Gehälter wesentlich geringer (gleich mehr dazu). Und warum viele Spieler gern zum FC Bayern oder ins Ausland wechseln würden. Die Begründung lautet dann immer "Ich suche eine sportliche Veränderung". Hierzu kann sich jeder seinen Teil ändern.

Durchschnittsgehälter der Bundesligisten in der Saison 2017/2018 nach Onlineportal Sporting

Verein	Durchschnittsgehalt
FC Bayern München	5,68 Mio. Euro
Borussia Dortmund	3,00 Mio. Euro
VfL Wolfsburg	1,95 Mio. Euro
FC Schalke 04	1,81 Mio. Euro
Bayer Leverkusen	1,66 Mio. Euro
RB Leipzig	1,39 Mio. Euro
TSG 1899 Hoffenheim	1,23 Mio. Euro
Borussia Mönchengladbach	1,18 Mio. Euro
Hamburger SV	1,11 Mio. Euro
Hertha BSC	1,10 Mio. Euro
1. FC Köln	1,09 Mio. Euro
Eintracht Frankfurt	0,70 Mio. Euro
Werder Bremen	0,68 Mio. Euro
1. FSV Mainz 05	0,62 Mio. Euro
VfB Stuttgart	0,59 Mio. Euro
FC Augsburg	0,57 Mio. Euro
Hannover 96	0,49 Mio. Euro
SC Freiburg	0,49 Mio. Euro

Die Topverdieber in der Saison 2017 / 18 waren Robert Lewandowski, Manuel Neuer und Thomas Müller mit jeweils 15 Millionen Euro im Jahr. Insgesamt soll Müller aber die höchsten Gesamteinnahmen in der Bundesliga haben. Inklusive Prämien und privaten Ausrüster- und Sponsoringverträgen usw. kommt er wohl auf 24 Millionen Euro pro Jahr.

Hier sieht man die extremen Unterschiede der Gehälter in der 1. Bundesliga.

Persönlicher Kommentar: Die hohen Gehälter sind in Bezug auf die Realeinkommen der normalen Berufstätigen nicht gerechtfertigt. Auch die großen Unterschiede noch einmal in der 1. Bundesliga sind meiner Meinung nach auch ungerecht. Aber wenn die Vereine das Geld haben, und auch bezahlen, ist es vollkommen legitim in der freien Marktwirtschaft.

Gehälter von der 2. Bundesliga bis zur Oberliga

Ein Zweitligagehalt liegt bei etwa 90.000 bis 250.000 Euro pro Jahr, und unterscheidet sich damit deutlich von den Gehältern in der ersten Bundesliga.

Hier erkennen wir, welche finanziellen Folgen ein Abstieg von der ersten in die zweite Liga hat. Oder warum ein Aufstieg in die erste Bundesliga auch ein vielfaches des Gehaltes bedeutet. Bei einem Abstieg ist daher die sportliche Verschlechterung für viele Spieler nur Nebensache.

Aber da gibt es noch ein Problem ganz anderer Art. Bei einem Aufstieg müssen die Spieler auch damit rechnen, dass sie gar nicht mehr in den Kader aufgenommen und durch bessere Spieler ersetzt werden. Bei einem Abstieg versuchen die Spieler oft einen Vereinswechsel, damit sie in der ersten Bundesliga bleiben können. Insgesamt müssen wir hier aber festhalten, dass die Gehälter für zweitklassige Spieler immer noch sehr hoch sind. In anderen Sportarten verdienen die Athleten in der 2. Liga wenig oder sogar gar kein Geld.

Ein Drittligagehalt beläuft sich auf 40.000 bis 120.000 Euro, und ist damit für drittklassige Spieler extrem hoch, aber längst nicht so übertrieben wie in der 1. Bundesliga.

In der Regionalliga kommt ein Spieler auf 20.000 bis 80.000 Euro Jahresgehalt. Dies ist eine Schätzung vieler Experten mit der ich konform gehe. Sagen wir mal vorsichtig formuliert, eine inoffizielle Teilauszahlung ist in dieser Liga nicht auszuschließen. Offiziell ist die 4. Liga allerdings keine Profi-Liga. Wenn allerdings ein Regionalliga-Spieler behauptet, er bekomme nur 200 Euro pro Monat, zweifel ich das stark an.

Die Oberliga ist eigentlich die undankbarste Liga, die es in Deutschland gibt. Sie ist inoffiziell die höchste Amateurliga, und nur einen Aufstieg vom "richtigen Geld" entfernt. Geschätzt liegt hier das Jahresgehalt (wenn man es so nennen will) bei 5000 bis 12.000 Euro. Deswegen versucht ein Regionalliga-Spieler mit allen Mittteln, in seiner Klasse zu bleiben, oder noch hochklassiger zu spielen.

Die Vergütung in der Oberliga ist vollkommen gerecht. Die Jungens hier können allle Fußball spielen, trainieren viermal pro Woche und opfern auch noch einen Teil ihres Wochenendes. Doch rechnen wir einmal den Stundenlohn mit An- und Abfahrt. Wir kommen auf etwa 50 Stunden monatlicher Arbeitszeit. Dies entspricht lediglich einen Stundenlohn von 10 bis 20 Euro.

In der Landesliga und Verbandsliga (also 6. Liga meine ich mit Verbandsliga) kommt man auf eine Vergütung von etwa 3000 bis 5000 Euro, die ich ebenfalls als angemessen empfinde.

In der Kreisliga und Bezirksliga liegt die Vergütung bei etwa 0 bis 3000 Euro Pro Jahr, geht wohl auch in Ordnung.

Vergütung englischer Profis um 1900

Die ersten englischen Fußballprofis verdienten in der Regel nicht viel Geld, allerdings wesentlich mehr als deutsche Fußballer zu dieser Zeit (hier gab es noch keine Profis). Fußball war damals ein Amateur-Sport und die Spieler spielten aus Leidenschaft und nicht für das Geld. Es gab jedoch einige Ausnahmen, wie z.B. Billy Meredith, der 1894 von Chirk zu Manchester City wechselte und ein Gehalt von 4 Pfund pro Woche bekam. Das entspricht heute etwa 600 Euro pro Woche. Wir dürfen hierbei nicht vergessen, dass England das Mutterland des Fußballs ist und die englischen Fußballer um 1900 die besten Spieler der Welt waren.

Vergütung im Profifußball u.a. um 1920 bis 1970

Ja, auch um 1920 gab es die ersten Fußballprofis und auch die Profi-Liga. Allerdings ist das mit den heutigen Profivereinen nicht vergleichbar. Fast alle Profis waren Halbprofis und gingen noch einer regulären Tätigkeit nach. Die Verdienste der Profispieler erreichten noch nicht einmal das Niveau der heutigen Regionalliga. Auf die jetzigen deutschen Bedingungen des Fußballprofis bezogen, würden wir diese Spieler um 1920 nicht mehr als Profis bezeichnen.

Für die damalige Zeit bedeutete diese zusätzliche Einnahme aber einen Aufstieg in die finanzielle Oberschicht (unterer Bereich), so dass wir getrost von Profi-Sportlern sprechen können.

Auch heute noch gibt es in Brasilien Fußballprofis, die im Monat ein paar hundert Euro verdienen (mittlerer Amateurbereich). Diese Spieler gehen keiner weiteren Tätigkeit nach, auch weil sie keinen zusätzlichen Job finden, leben sehr bescheiden und ohne Krankenversicherung. Die jüngeren Spieler davon träumen von der großen Fußballkarriere, nur die wenigsten schaffen es. Und auch heute noch kann man diese Spieler als Profis bezeichnen. Wir müssen das an die brasilianischen Verhältnisse anpassen. In Brasilien gibt es eine viel größere Armut als in Europa. Ein Einkommen von ein paar hundert Euro, hat dort einen ganz anderen Stellenwert als beispielsweise in Deutschland.

Professionellen Fußball gibt es in England tatsächlich seit dem Jahre 1885. Erst 40 Jahre später gab es die erste Profimeisterschaft auf dem europäischen Festland in Österreich 1924/25, die mit zwei Spielklassen ausgetragen wurde. Erster Profi-Meister außerhalb Großbritanniens wurde die Wiener Hakoah. Abgeschafft wurde die Profimeisterschaft in Österreich allerdings mit dem Anschluss an das Deutsche Reich im März 1938. 1949 wurde der Profi-Fußball in Österreich mit der Einführung der Staatsliga wiedereingeführt. In Deutschland blieb lange Zeit ausschließlich der Amateur-Fußball und die Spieler bekamen nur geringe Aufwandsentschädigungen, vergleichbar mit der Landesliga von heute. Als in den 1920er Jahren die Zuschauerzahlen stark anstiegen und die Kassen der Vereine voll waren, wurde mit Schwarzgeld versucht, Spieler anderer Vereine abzuwerben. Bei den Spitzenvereinen war dies häufig der Fall, aber nur wenige Fälle kamen heraus und führten zu Sperren. Ein großer Eklat war im Jahr 1930, als Zahlungen des FC Schalke 04 an zahlreiche Spieler aufflogen und zu lebenslangen Sperren durch den DFB führten, die allerdings auf öffentlichen Druck hin schon nach einem Jahr wieder aufgehoben wurden. Da der Profifußball nicht aufzuhalten war, beschloss der DFB 1932 die Einführung einer professionellen Reichsliga. Die Formalitäten sollten auf einer Sondersitzung im Mai 1933 erarbeitet werden. Dazu kam es dann durch die politische Entwicklung nicht mehr.
1949 wurden schließlich die Vertragsspieler eingeführt, 1963 einhergehend mit der Einführung der Fußball-Bundesliga die Lizenzspieler. Jetzt waren die meisten Spieler eigentlich nur Halbprofis. Sie arbeiteten zumindest noch halbtags.

Der DFB erlaubte ein monatliches Gehalt von maximal 1200 DM (dies entspricht je nach Zeit zwischen 1949 und 1972 etwa 3000 bis 5000 Euro), ließ aber Ausnahmen für Nationalspieler zu, damit diese nicht ins Ausland gingen. Auf Druck der Vereine musste der DFB 1972 die Zahlungen an Spieler im Profibereich schließlich komplett freigeben.

Belohnung der deutschen Spieler für die WM 1954

Für den Titel erhielt jeder Spieler lediglich 1000 Mark, was heute etwa 10.000 Euro entspricht. Nach langen Verhandlungen zahlte der DFB noch einmal zusätzlich 200 DM pro Einsatz. Darüber hinaus erhielt jeder Spieler der Endspielmannschaft einen Goggomobil-Motorroller der Firma Glas. Zusätzlich bekamen alle Spieler mehrere Fernsehgeräte und Geschenkkörbe. Wir erkennen hier deutlich die Verdienstunterschiede der Fußballspieler von 1954 und der Gegenwart. Stetig sind die Gehälter der Fußball-Profis gestiegen, und haben heute zum Teil nicht gerechtfertigte Summen erreicht.

Aber wir dürfen nicht vergessen, dass es viele Vertrags-Amateure in der Bundesliga gibt, die relativ wenig verdienen, und jederzeit in obere Amateurklassen abrutschen können. Hier müssen sie sich dann mit Gehältern zwischen 500 und 3000 Euro pro Monat abfinden, in der Regionalliga sind auch bis zu 6000 Euro möglich.

Der Fußball-Markt ist ein knallhartes Geschäft, und nur wenige werden hiermit „superreich", aber in den anderen Sportarten ist dies noch extremer. Wer wird z.B. schon durch den Tischtennissport ein Millionär?

Belohnung für den Weltmeistertitel 1974

Für den Gewinn des Weltmeistertitels erhielt jeder Spieler 60.000 Mark und einen VW Käfer. Im Vorfeld der Weltmeisterschaft gab es allerdings einen heftigen Streit um diese Prämie. Nachdem bekannt wurde, dass die Italiener für den Gewinn dieser Weltmeisterschaft 120.000 Mark erhalten sollten, verlangten die bundesdeutschen Nationalspieler zunächst 100.000 Mark, später 75000. Der DFB bot 30.000 Mark an. Nachdem es fast zur Abreise einiger deutscher Spieler gekommen war, wurde sich schließlich auf die 60.000 Mark geeinigt.

Die Prämie für jeden Spieler, der an der WM 1990 teilnahm, betrug 64.000 DM.

Weitere Entwicklung der Prämien für die deutsche Nationalmannschaft der Männer bei den Weltmeisterschaften stieg seit dem Jahr 2000 überproportional stark an:

Der DFB finanziert die Prämien durch Prämien der Verbände UEFA und FIFA, so wurden 2012 über 16 Millionen € (!) Prämien für die deutsche Fußballnationalmannschaft bereitgestellt:

8 Millionen Euro Startgeld
1 Millionen Euro pro Gruppensieg
3 Millionen Euro für das Halbfinale
4,5 Millionen Euro für den Vize-Weltmeistertitel
7,5 Millionen Euro für den Weltmeistertitel

Alle diese Prämien gelten unabhängig davon, ob der Spieler auch zum Einsatz kam. Auch kommen weitere Einnahmen aus dem DFB Sponsorenpool.

Höchsten Gehälter und Transfers

Trotz seines relativ hohen Alters war Cristiano Ronaldo mit Abstand der bestbezahlteste Fußballer der Welt. Die Einnahmen aus Gehalt, Geldern außerhalb seines Spielervertrages usw. lagen im Jahr 2023 bei insgesamt 275 Millionen US-Dollar. Auf ihn folgte Lionel Messi mit etwa 65 Millionen US-Dollar. Danach kommen Neymar und Kylian Mbappé unter die Top-Verdiener im Weltfußball mit ähnlichem Gehalt.

Der bisher teuerste Transfer im Fußball lag bei Neymar vor. Stolze 222 Millionen Euro betrug die Höhe der Ablösesumme, als der Brasilianer 2017/2018 vom FC Barcelona zu Paris Saint-Germain ging. Diese Summe ist bis heute die mit Abstand höchste Summe, die von einem Fußballverein gezahlt wurde. Mit einem großen Abstand folgen Kylian Mbappé mit 180 Millionen Euro und Philippe Coutinho und Ousmane Dembelé mit etwa 135 Millionen Euro.

Wir sollten uns allerdings nicht wundern, wenn eines Tages Gehälter und Transfers im Fußball auf Summen zwischen 500- und 1000 Millionen Euro auftauchen werden. Das Großkapital liegt in immer wenigen Händen, die dann immer großzügiger in "Spielereien" investieren können. Für Billionäre ist es dann ein leichtes Unterfangen sich Mannschaften für Milliarden zu verschaffen. Jeder kann sich hierzu im Stillen seine Meinung machen.

Kartenrekorde

Die meisten Roten Karten in einem Match gab im März 2011 der Schiedsrichter Damien Rubino in der fünften argentinischen Liga im Spiel Claypole gegen Victoriano Arenas. Er zeigte an sämtliche Spieler, alle Ersatzspieler und beide Trainer insgesamt 36 Rote Karten.

Die Niederlande und Argentinien haben bei einem dramatischen Viertelfinal-Spiel einen WM-Rekord mit 15 Gelben Karten aufgestellt.

Sergio Rambo (in Wirklichkeit Sergio Ramos) ist ein Fußballer, den man lieber in seiner Mannschaft hat, als gegen sich. Am 3.12.2023 hat er seine 29. Rote Karte auf Klubebene gesehen.

 **Erzielte Tore aus größter Distanz**

Der Torwart des englischen League 2-Vereins Newport County hat gegen Cheltenham aus 96,01 Metern getroffen.

Ein rekordverdächtiges Kopfballtor legte der norwegische Fußballspieler Jone Samuelsen hin. Der Spieler erzielte diesen Treffer aus einer Entfernung von 57 Metern.

 # Längste und kürzeste Fußballspiel

Aktuell besitzen den Weltrekord für das längste Fußballspiel die „Sportfreunde St. Wendel-Winterbach" aus dem saarländischen Winterbach und der „Thank God it's Friday Event Club" aus dem pfälzischen Wallhalben. Sie spielten über 168 Stunden über 7 Tage (Stand 6.12.2023).

Wie lange war das kürzeste Fußballspiel der Welt?

Ein Spiel der serbischen Amateurliga wurde nach nur neun Sekunden wieder abgepfiffen.

Fußballer mit extremen Körpermaßen

Wer ist der schwerste Fußballprofi?
Adebayo Akinfenwa ist ein ehemaliger englisch-nigerianischer
Fußballspieler mit einem Körpergewicht über 100 kg. Der
Stürmer und Hobbybodybuilder stand zuletzt bis Mai 2022
bei den Wycombe Wanderers unter Vertrag.

Das geringste Gewicht hat u.a. der Profi-Spieler Takashi Inui
aus Japan mit 59 Kilogramm.

Wer ist der größte Profi-Fußballer der Welt?
Mit einer Körpergröße von 2,08 m ist Van Hout zurzeit der
weltgrößte aktive Profifußballspieler und ist ein belgischer
Fußballtorwart.
Seit 2022 steht er beim belgischen Zweitligisten Lommel SK
unter Vertrag.

Platz 10: Wrexham FC wurde 1964 gegründet. Der walisische Club ist der älteste Fußballverein in Wales und einer der ältesten der Welt. Er wurde auf Basis eines Cricket-Teams gegründet.

Auf Platz 9 kommt "Königlicher Pionierverein FC" aus Kent. Er wurde 1863 gegründet.

Platz 8: Öffentlicher Dienst FC aus London wurde ebenfalls 1863 gegründet.
Der Civil Service FC wurde 1863 gebildet und gehörte zu den 11 Vereinen und Clubs, die den englischen Verband FA gründeten. Der Londoner Verein spielt momentan in der Southern Amateur League. Obwohl er in seinen Anfangsjahren Fußball und auch Rugby spielte, konzentrierte er sich später deutlich auf Fußball. Wegen des 150-jährigen Jubiläums des englischen Fußballverbands FA im Jahr 2013 hat der Civil Service FC ein Ehrenspiel im Buckingham Palace ausgetragen.

Auf Platz 7 befindet sich der auch in Deutschland bekannte Verein Stoke City FC, der im Jahre 1863 gegründet worden ist.

Platz 6: Der Verein Grafschaft Notts aus Nottingham wurde 1862 gegründet.
Der Verein aus der Meadow Lane ist der älteste Profifußballverein der Welt. Der Verein aus Nottingham hat über 4750 Ligaspiele absolviert, viel mehr als jeder andere englische Verein.

Platz 5: Der Verein Cray Wanderers FC aus London wurde 1860 gegründet
Er entstand aus den mittäglichen Kämpfen zwischen Dorfbewohnern von St. Mary Cray und Arbeitern, die eine Eisenbahnbrücke über das Cray Valley im Nordwesten von Kent errichteten. Bald wurde ein Fußballfeld angelegt und es wurden Spiele gegen Armeeteams und andere Dörfer der Umgebung ausgetragen.

Auf Platz 4 kommt der Verein Hallam FC aus Crosspool, der 1860 gegründet worden ist.

Platz 3: Lima CFC, der 1859 in Peru gegründet wurde.
Lima CFC ist sowohl ein Fußball- als auch ein Kricketverein, wobei die Fußballmannschaft momentan in der lokalen Liga des Bezirks San Isidro tätig ist. Es wird vermutet, dass der Klub von englischen Einwanderern errichtet wurde.

Auf Platz 2: Der Verein AFC der Universität Cambridge wurde 1857 gegründet.

Auf Platz 1 ist der Verein Sheffield FC, der ebenfalls 1857 gegründet worden ist.
Der älteste Verein der Welt spielt derzeit in der Northern League Division und dürfte auch vielen Fußballfreunden bekannt sein.

 # Die besten Fußballwitze

"Haben Sie vielleicht eine Minute Zeit?" fragt ein Zuschauer den Schiri nach Spielabpfiff.
Dieser nickt zustimmend.
"Dann erzählen sie mir mal alles was Sie über Fußball und seine Regeln kennen!"

Was ist der mit Abstand brutalste Sport der Welt?
Fußball. Da wird umgesäbelt, geköpft und geschossen!

Wie hoch ist der Marktwert der holländischen Fußballnationalmannschaft?
Genau 88 Cent, nämlich 11mal Flaschenpfand.

Der Sportarzt zum Thema Doping im Fußball: "Doping im Fußball ergibt überhaupt keinen Sinn. Das Mittel muss in die Spieler injiziert werden.

Eine Fußballmannschaft fliegt nach Australien. Den Spielern wird langweilig, und sie spielen schließlich Fußball im Flugzeug . Der Pilot kann die Maschine kaum noch halten und schickt den Co-Piloten zu den Fluggästen nach hinten. Nach nur einer Minute ist Ruhe.
"Wie hast Du denn angestellt?", fragt der Pilot.
"Nun ja", meint der Co-Pilot "Ich habe gesagt: Männer, es ist schönes Wetter draußen, spielt doch vor der Tür!"

Die besten Fußballwitze

Ein Lehrer, der auf Schalke unterrichtet, und selbst ein großer Schalke-Fan ist , hat die Angewohnheit seine neuen Schüler nach ihrer Lieblingsmannschaft im Fußball zu fragen. Er fragt seine Klasse also: "Wer von euch ist denn Schalke-Fan?"
26 Schüler heben den Arm und bejahen laut, dass ihr Herz für den Verein FC Schalke 04 schlägt.
Nur ein Mädchen zeigt nicht auf.

Lehrer: "Was bist du denn für ein Fan?"

Mädchen: "FC Bayern München".

Lehrer: "Ja, und Warum?"

Mädchen: " Mein Vater ist in München als Rechtsanwalt tätig, meine Mutter war dort fünf Jahre lang engagierte Ärztin und ich bin in München zur Welt gekommen. Und habe dort die ersten fünf Jahre meines Lebens verbracht."

Lehrer: "Und das reicht aus, um Bayern-Fan zu werden? Was wäre denn, wenn deine Mutter in einem Nachtclub arbeiten würde, und dein Vater ein schlimmer Alkoholiker wäre."

Mädchen: "Ja, dann wäre ich mit Sicherheit auch Schalke-Fan geworden."

# Die besten Fußballwitze

Der Sohn eines Fußballers bringt stolz sein Zeugnis nach Hause: "Papa, mein Vertrag mit der vierten Klasse wurde erfolgreich verlängert!"

Franz hat sich beim Fußball spielen das Bein gebrochen.
Nach ca. 4 Wochen meldet er sich beim Chef wieder zurück.

"Ja, wie geht's denn, Franz, ist das Bein wieder in Ordnung?"

"Alles in bester Ordnung, Chef!" freut sich Franz,
"Ich kann jetzt besser gehen als zuvor!"

"Das freut mich. Was dir jetzt noch fehlt, ist eine ordentliche Gehirnerschütterung!"

Herr Müller war in Brasilien in Urlaub.
Nach seiner Rückkehr fragt ihn der Chef: "Und Herr Müller, wie war's denn in Rio?"

"Ach wissen Sie, eigentlich leben in Brasilien nur Prostitu-ierte und Fußballspieler!"

Chef: "Habe ich Ihnen überhaupt schon erzählt, dass meine Frau Brasilianerin ist?"

"Oh, bei welchem Verein spielt sie denn?"

 # Die besten Fußballwitze

Der Platzordner beobachtet nach Ende des Fußballspiels einen Jungen über den Zaun klettern und ruft: "Kannst du nicht da rausgehen, wo du reingekommen bist?"

Der Junge: "Das mache ich doch gerade"

Ein Wahnsinniger hockt vor der Waschmaschine und starrt ins Glas.

Ein zweiter Irrer kommt vorbei und fragt: "Und, zeigen Sie schon das Fußballspiel?"

"Nein, das dauert noch. Im Augenblick wird noch gezeigt, wie die Trikots der Spieler gewaschen werden."

Trainer zum Stürmer: "Du spielst heute gegen Karl Totengräber."

"Das ist ja unmenschlich. Der tritt gegen alles, was sich bewegt!"

Trainer: "Dann besteht für dich ja überhaupt kein Risiko!"

# Die besten Fußballwitze

Ein Fußballexperte: "In Kolumbien fallen alle Fußballspiele aus".

Sein Kollege fragt: "Warum denn?"

" Die Spieler haben alle Linien weggekokst"

"Herr Doktor, mir wird ständig gelb und rot vor Augen",beklagt sich ein Fußballer.

Der Arzt erwidert: "Vielleicht sollten Sie mal den Schiedsrichter wechseln!"

Es regnet in Strömen. Der Fußballplatz ist abolut überschwemmt. Aber das Spiel muss stattfinden.

Vor dem Anpfiff fragt der Kapitän sein Team: "Sollen wir erst mit der Strömung spielen oder dagegen?"

# Die besten Fußballwitze

Der Trainer unterbricht den Fernsehkommentator, "können Sie nicht ein bisschen langsamer sprechen? Meine Spieler können gar so schnell rennen wie Sie sprechen!"

Ein Fan geht zum Ticketschalter und legt einen 500 Euro Schein auf den Tisch.
Darauf sagt die Verkäuferin: "Wollen Sie ein Ticket oder einen Spieler kaufen?"

Messi kommt humpelnd zum Arzt. "Na, haben Sie sich beim Training verletzt?"
"Nein, mir ist mein Gehaltscheck auf den Fuß gefallen."

Der Pfarrer wundert sich, dass kaum jemand zu seiner Messe gekommen ist. Da bemerkt er auch noch, dass der Organist nicht da ist.
"Aber wer spielt denn jetzt?" fragt er erschrocken den Messdiener.
"Soweit ich weiß, Deutschland gegen Italien."

Nach dem Spiel sagt ein Fußballfan zum anderen: "Also in der zweiten Halbzeit waren unsere Spieler ja noch langsamer als in der ersten."
"Das ist richtig, aber der Trainer soll sie in der Kabine auch ganz schön zur Schnecke gemacht haben."

1872 beschloss die FA eine einheitliche Ballgröße, und am 30. November desselben Jahres spielten in der Nähe von Glasgow eine schottische und eine englische Auswahl gegeneinander. Das **erste offizielle Länderspiel** nahm ihren Verlauf und endete tatsächlich mit einem 0 : 0.

1872 wurde dann auch mit dem FA-Cup der erste nationale Wettstreit gestartet.

1874 leitete endlich ein **Schiedsrichter** die Fußballpartien.

1875 wurde die Höhe der Querlattenunterkante mit 2,44 m festgelegt, und die **Halbzeitpause mit Seitenwechsel** beschlossen.

1877 bekam der Schiedsrichter das Recht, **Platzverweise** zu erteilen.

Und tatsächlich fand schon **1878** das erste Spiel unter Flutlicht in Sheffield statt.

1880 kam der **Freistoß** bei Regelverstößen und Foulspiel, Schienenbeinschützer werden verbindlich.

In Nottingham wurde 1878 erstmals das Spiel mit einer Trillerpfeife durch den Schiedsrichter geleitet.

1882 begann der Einwurf mit beiden Händen, und 1883 wurden dem Schiedsrichter zwei Linienrichter unterstellt.

1890 folgten das Tornetz, 1891 der Strafstoß und 1897 eine genauere Katalogisierung der verschiedenen Foulspiels.

1888 wurde die erste Liga in England gegründet, und der erste Fußballmeister einer Nation wurde Preston North End.

1893 wird festgelegt, dass in Deutschland die Spielfelder frei von Bäumen und Sträuchern (!) sein müssen, die Form des Strafraums muss rechteckig sein.

1897: Einführung der Begriffe „vorsätzlich" und „absichtlich" zur Abstufung des Strafkataloges für Foulspiel.

Ja, **1899** kam bereits die Erlaubnis für einen bezahlten Vereinswechsel. Hier wurde noch ein Höchstbetrag von 10 Pfund festgelegt (die heutigen Ablösesummen haben schon extreme Dimensionen angenommen).

1902 wird der Strafstoßpunkt eingeführt.

1903 darf der Torwart nur noch im eigenen Strafraum mit der Hand spielen.

1904 wird der „indirekte Freistoß" eingeführt, und die Hosen der Spieler müssen die Knie nicht mehr bedecken.

1906 wurden einige wichtige Regeln beschlossen. Der Torwart darf beim Strafstoß die Torlinie nicht mehr verlassen, Metalleinlagen in den Fußballschuhen werden verboten, der Ball muss aus Leder gefertigt sein, und die Schiedsrichter müssen ein Spielerprotokoll erstellen.

1907 wird endlich das Abseits in der eigenen Spielhälfte abgeschafft.

1909 werden genauere Bestimmungen für einen Platzverweis festgelegt.

1913 kommt es endlich wieder zur Einführung einer sinnvollen Regel. Der Abstand zwischen Schütze oder Passgeber und Gegenspieler wird auf 10 Yards festgelegt.

1920 wird das Abseits beim Einwurf abgeschafft.

1924 darf der Eckball direkt ins Tor geschossen werden. Wohl eine wahre Freude für Experten der Schusstechnik.

1925 wird die **Abseitsregel** verändert, und endlich das Spiel schneller und spannender. Im Moment einer Ballabgabe müssen sich zwischen dem Spieler und dem Tor nur noch mindestens zwei Gegenspieler befinden, und nicht drei.

1939 werden die **Rückennummern** eingeführt.

1966 kommt es endlich zur Einführung einer weiteren wichtigen Regel. Unabhängig von Verletzungen dürfen zwei Spieler während des Spiels ausgewechselt werden (offizielle Einführung 1969 weltweit).

1970 geschieht bei der Fußballweltmeisterschaft wieder etwas Wichtiges: Offiziell werden die **„Gelben und Roten Karten"** eingeführt, nach Verlängerungen erfolgt ein **Elfmeterschießen**.

1970 wird in Deutschland das Fußballspielverbot für Frauen aufgehoben, 1971 dürfen 5 Auswechselspieler vornominiert werden.

Ab 1970 folgen natürlich viele weitere neue Fußballregeln, die aber nicht mehr besonders spektakulär sind.

Literaturverzeichnis

Wilfried Gerhardt: Fußball-Jahrbuch 1961. Limpert-Verlag, Frankfurt 1960, 28. Jahrgang: Berichte von/über Nationaltorwart Fritz Baumgarten (1908)
Schnepper, W.: Könige des Fußballs, BOD, 2017
Schnepper, W.: Fußballer Wamba, BOD, 2019

Manfred Claßen, Wolfgang Schnepper: Spielsysteme im Fußball, Books on Demand Norderstedt 2013, ISBN 978-3-8482-5143-8.

Manfred Claßen, Wolfgang Schnepper: Konter im Fußball, Books on Demand Norderstedt 2013, ISBN 978-3-7322-8108-4.

Wolfgang Schnepper: Herz, Sport, Fitness und Gesundheit, Sportverlag Linwolf 1995, ISBN 3-98044212-0-1.

Manfred Claßen, Wolfgang Schnepper: Taktiktraining im Jugendfußball, Books on Demand Norderstedt 2011, ISBN 978-3-8423-6372-4.

Manfred Claßen, Wolfgang Schnepper: Taktiktraining im Jugendfußball 2, Books on Demand Norderstedt 2012, ISBN 978-3-8391-8830-9.

Manfred Claßen, Wolfgang Schnepper: Pressing mit System, Books on Demand Norderstedt 2012, ISBN-3-8482-1208-8.

Grüne, Hardy: Fußball-WM-Enzyklopädie 1930–2006, AGON-Sportverlag, Kassel, 2004, ISBN 3-89784-261-0.

Hans J. Müllenbach: *Fussball-Weltmeisterschaft Italien 1934*, 1991, ISBN 3-86125-001-2

Raphael Keppel: WM 34 – *2. Fussball-Weltmeisterschaft 1934 in Italien*, 1990, ISBN 3-928562-00-2